SUR GRIN VOS CONNAISSANCES SE FONT PAYER

- Nous publions vos devoirs
  et votre thèse de bachelor et master

- Votre propre eBook et livre –
  dans tous les magasins principaux du monde

- Gagnez sur chaque vente

Téléchargez maintentant sur www.GRIN.com et publiez gratuitement

Bibliographic information published by the German National Library:

The German National Library lists this publication in the National Bibliography; detailed bibliographic data are available on the Internet at http://dnb.dnb.de .

Imprint:

Copyright © 2013 GRIN Verlag, Open Publishing GmbH
Print and binding: Books on Demand GmbH, Norderstedt Germany
ISBN: 9783668454859

This book at GRIN:

http://www.grin.com/fr/e-book/366749/le-paris-de-jean-pierre-jeunet-dans-le-film-le-fabuleux-destin-d-amelie

Sven Gerrlich

Le Paris de Jean-Pierre Jeunet dans le film "Le fabuleux destin d'Amélie Poulain"

Paris comme espace idéalisé

GRIN Publishing

GRIN - Your knowledge has value

Since its foundation in 1998, GRIN has specialized in publishing academic texts by students, college teachers and other academics as e-book and printed book. The website www.grin.com is an ideal platform for presenting term papers, final papers, scientific essays, dissertations and specialist books.

Visit us on the internet:

http://www.grin.com/

http://www.facebook.com/grincom

http://www.twitter.com/grin_com

Université de Toulouse II –Le Mirail
Licence Lettre Modernes
LMTC18X Histoire et esthétique du cinéma 3
Introduction à la théorie du cinéma
Année universitaire 2012-2013
3 ième année
1er semestre

Le Paris de Jean- Pierre Jeunet dans le film
le fabuleux destin d'Amélie Poulain

- Paris comme espace idéalisé

Sven Gerrlich
Etudiant Erasmus (Paderborn, Allemagne)

Toulouse, le 19.12.2012

Table des matièrs

1

Introduction

Mon dossier va traiter le film *le fabuleux destin d'Amélie Poulain* de Jean-Pierre Jeunet. Je vais aborder l'aspect de l'espace idéalisé de Paris dans le film. Dans ce cas je ferai référence à la question de la représentation de la capital française. Comment est le Paris de Jeunet représenté? Quels moyens cinématographiques sont utilisés?

Alors que la majorité de la presse français et internatiale n'a pas hésité à tirer des éloges pour *Amélie Poulain*, il n'y avait que quelques peu critiques négatifs. Une d'entre eux est la critique de Serge Kaganski, paru dans le journal d'artistes les *Inrockuptibles* et dans la rubrique *Rebonds* du quotidienne *Libération*. La critique de Serge Kaganski dénonce surtout les images clichées de Paris représentés dans le film et se moque d'une représentation faisant allusion à une idéologie politique plutôt coté droite. Je vais d'aller au fond des points critiques de Kaganski et de peser le pour et le contre de son argumentation. Dans quelle mesure peut-on approuver et quels points de critique posent question? Quelles peut être les intentions du réalisateur Jeunet de représenter Paris d'une telle façon?

Le dossier ne va pas porter uniquement sur la critique de Kaganski. Mais il sert d'une certaine façon comme accroche pour développer une propre analyse de la représentation de Paris, soit positif, soit négative. Analyser l'esthétique du film *Amélie Poulain* concernant l'image parisienne représentée, veut dire aussi traiter l'espace et les caractères du film qui jouent un rôle majoritaire.

Pour moi, c'est important d'avoir toujours une vue d'ensemble du film. Ainsi je me permets d'analyser quelques scènes seulement en bref, par contre quelques plus détaillé.

Bien sur le sujet suffirait pour remplir une quantité de pages sur la représentation de Paris au bout de l'histoire du film, mais une comparaison historique irait sortir des clous de ce dossier avec un volume de 15 pages environ.

Le dossier finit par un bilan récapitulant mes pensés les plus importants.

1.1 Informations générales

Le film le fabuleux destin Amélie Poulain est un long-métrage du réalisateur français Jean-Pierre Jaunet de l'année 2001. Le film a une durée de 117 minutes et fut sa première sortie le 25 avril 2001 en France. Le scénario fut rédigé par Jean-Pierre Jeunet lui-même et Guillaume Laurant. Pour la production Jean-Marc Deschamps, Claudine Ossard furent surchargés. L'image fut réalisée par Bruni Delbonnel. Dans les acteurs se trouvent Audrey Tatou en du protagoniste Amélie, en outre Matthieu Kassowitz dans le rôle de Nino Quincampoix, Rufus, Jamel Debbouze, Isabelle Nanty, Yolande Moreau et André Dussolier.[1] En somme par son genre le film est une comédie, une fable ou un compte de fée moderne. Obtenue plusieurs prix dans les festivals de films dans tout le monde, parmi eux *le British Academy of Film and Television Art*, quatre *Césars* (dont parmi «*meilleur film*»), *le Festival International du Film de Toronto*, *Festival International du Film de Karlovy Vary* et cinq nomination pour le fameux *Oscars*, une nomination pour le *Golden Globe* suivi par plusieurs d'autres.[2] En général le film a obtenu par la presse soit en France, soit un Europe entier, soit aussi aux Etats-Unis de très bonnes critiques. Ce long-métrage avait un succès énorme dans tout le monde, ne pas seulement en France. Pour mieux suivre les argumentations de l'analyse et pour la compréhension des critiques de Presse données qui suivent et qui jouent un grand rôle dans ce dossier, il est utile de d'abord donner un petit résumé du film portant sur les caractères principaux et les endroits typiques du film.

1.2 Résumé du film

Amélie Poulain est née à Paris. Elle est la fille d'un médecin militaire et d'une enseignante et passe une enfance plutôt triste, isolée d'autres enfants. Sa relation avec ses parents est un peu distancée. Quand elle fut une enfant d'école, une maladie cardiaque est diagnostiquée chez elle en sorte qu'Amélie n'est pas obligée de fréquenter une école ordinaire. Par la suite elle n'a pas beaucoup de contacts avec d'autres enfants. Amélie commence petit à petit de se plonger dans son propre univers. La mère d'Amélie est tuée par une touriste qui saute en dehors d'un clocher pour se suicider. Dorénavant la jeune fille introvertie vit seul avec son père dans une maison aux alentours de Paris, plutôt à la campagne.

Quelques années plus tard, jeune femme, Amélie travaille dans une petite brasserie nommé *Les deux Moulins*. Une vie de routine, elle est entourée par des collègues capricieuses.

---

1 Informations dans le livret: *Le fabuleux destin d'Amélie Poulain*. Jean-Pierre Jeunet. France 2001
2 Informations tirés de: http://www.institutfrancais.de/IMG/pdf/Cinefete10_AmeliePoulain.pdf p.2-4 (consulté le 10/12/2012)

Amélie se réjouit des petits choses de la vie comme observer des gens dans les rues, compter des orgasmes dans un moment précis en s'asseyant sur le toit dans sa maison à Paris.

La vie modeste et simple d'Amélie est brusquement bouleversée le jour du mort de Lady Di le 31 aout 1997. Quand les annonces de l'accident terrible sont diffusées à la télé, Amélie découvre une petite boite caché derrière un carrelage dans la salle de bain. Dans cette boit il y a des souvenirs d'enfance d'un Monsieur nommé Dominique Brotodeau. Dès cet événement, elle prend la décision d'aider d'autres gens jusqu'à la fin de sa vie. Le film continue avec de petites actions d'Amélie à aider ses proches, ses voisins et ses collègues. Elle est la bonne fée et rendre des bonheurs aux autres. Elle fait par exemple des bêtises pour vexer le patron dominateur du marchand Lucien ou elle arrange un coup entre Georgette, sa collègue malade-imaginaire et Joseph, le client jaloux qui fréquente régulièrement *Les deux moulins*. D'ailleurs elle rende heureuse sa concierge en altérant des lettres d'amours.

Plusieurs fois pendant les films Amélie fait la connaissance avec Nino, un employé d'un sex-shop. Dans son temps libre Nico adore collectionner des photos de passeports mis au rebut. D'ailleurs Amélie a une relation particulière avec son voisin Raymond Dufayel, un peintre qui n'est pas capable de quitter sa maison du à la ostéogenèse imparfaite. Amélie entre plusieurs fois dans l'appartement de cet homme isolé du monde en ayant des entretiens sur la vie. Dufayel, qui n'avait pas la chance de savourer la vie, persuade Amélie de croire à elle-même et de s'approcher à Nico, dont Amélie a des ressentiments profonds, pourtant elle hésite. Dans un moment silencieux les deux se rencontrent dans le logement d'Amélie. Finalement ils deviennent un couple d'amants. La dernière scène du film les représente sur une mobylette en courant dans les rues parisiennes.

1.3 *Amélie Poulain:* un film commerciale

Le film *le fabuleux destin d'Amélie Poulain* peut être considéré comme un film commercial. Plusieurs facteurs font preuve. Contrairement aux films auteurs et artistiques de Béla Tarr ou à ceux réalisé par Jean-Marie Straub/ Danièle Huillet par exemple, qui n'étaient pas destiné pour un grand public, *le fabuleux destin d'Amélie Poulain* est un long-métrage destiné à accéder un grand public. Du à son action simple et frivole, il peut être fréquenté de tous les groupes d'âges et sociaux. Un aspect qui fait le film «commercial» est le traité de l'espace dans le film. Voilà quelques remarques: Les divers espaces comme le Café *Les deux Moulins*, le métro parisien ou le stand de marchand fonctionnent comme lieu de rencontre, comme lieu de civilisation. Là, notre protagoniste Amélie est toujours en contact avec ses proches et ses voisins de façon direct ou indirect (active ou observateur). Chaque fois quand elle entre en contact avec son environnement, le film nous montre également donc un aspect principal du film qui est ainsi la chaleur humain. Sachant que le film aborde les valeurs de vivre ensemble. Comment vivre avec mes proches, comment rendre du bonheur aux autres? Un aspect important dans le film est donc l'acte d'identification. L'idée du cinéma que le spectateur s'identifie avec les images représentées est une de grande caractéristiques des films commerciaux. Ici c'est l'identification avec le caractère d'Amélie et sa mentalité.

En somme les tels films dits commerciaux comme *Amélie Poulain* ont pour but de produire des systèmes des pensés ainsi que créer un message à dire, un mode de voir ensemble. Le film doit être le représentant de *la machine qui s'exprimé*[3]. Ces films doit avoir un produit efficace par rapport au cinéma d'auteur qui est considéré comme

> *[…] une lecture des figures de son style mis en scène qui, au-delà de toutes les concessions faites aux règles de l'économie, de la technique ou des autres systèmes de valeurs artistiques, […]* [4]

Amélie Poulain est donc un film appart de cette esthétique des films d'auteur.

2. Les clichés de Paris mis en scène

Dans le film *le fabuleux destin d'Amélie Poulain* le réalisateur Jean- Pierre Jeunet fait usage d'une quantité dit clichés de la ville Paris et aussi de la France en général. Par la suite j'aimerais présenter quelques de ces clichés. Qui sont-ils et qu'est-ce quels évoquent? Quelle est leur fonction dans le film? Et qu'est-ce que c'est, un cliché en général?

> *Un cliché, c'est un processus de généralisation comme les mécanismes à l'œuvre dans la formation de clichés, nécessaires à la cohésion du groupe.* [5]

3Deren Maya : *Ecrits sur l'art et le cinéma. Présentation par Julie Beaulieu.* p.42
4Mary, Philippe : *la nouvelle vague et le cinéma d'auteur.* p.113
5Définition Larousse Online : http://www.larousse.fr/encyclopedie/nom-commun-nom/pr%C3%A9jug%C3%A9/82358 (consulté le 16/12/2012)

Cependant c'est important comment utiliser certains clichés. Un réalisateur peut les utiliser de façon banale faute des idées originales mais aussi avec astuce. Un cliché a toujours un sens double, une fois c'est un lieu de rencontre entre les images et les spectateurs. Comme ça un cliché peut aider le spectateur de mieux s'approcher au film car il reconnait un cliché et peut le classer à une certaine nation, à un certain groupe social ou à un certain comportement d'un groupe ethnique etc. D'autre fois un cliché dans un film peut être aussi considérer comme une faiblesse. Le réalisateur manque d'inspiration. Dans ce cas là, le réalisateur peut faire usage des certains clichés pour seulement «remplir» ses images. En ce faisant les clichés ne semblent pas sophistiqués et bien réfléchis.

> *Le cliché, lorsqu'il est isolé, n'est ni le signe d'une impasse artistique, ni un défaut suffisant pour ternir une narration autrement originale. C'est, à la limite, une paresse et une faute de goût.* [6]

Dans l'exemple d'*Amélie Poulain*, certains clichés se démontrent particulièrement avec la représentation de certains endroits parisiens. Si on pense à Paris, surtout en tant que étranger, on a toujours quelques images dans la tête comme Paris-ville des amoureux ou Paris-ville de la frivolité. On associe Paris avec des endroits connus comme le Moulin Rouge, la Tour Effel. Paris, du a sa grande diversité de son paysage urbain en général, était depuis toujours une espace idéalisé, c'est aussi visible dans l'histoire du film *la ville des fantasmes, les souvenirs, des peurs et des désirs.*[7] C'est ce que fait aussi Jeunet. Il montre comme déjà fait dans les films de René Clair, Marcel Carné ou Jean Renoir des monuments les plus connus de Paris comme *la* Tour Effel, les Invalides, la Sacre Cœur ou le but Montmatre, en bref des espaces que tout le monde connait bien et avec tout le monde associe quelque chose. Par conséquent Jeunet fait avec son long-métrage un rencontre avec le spectateur et il crée par excellence des images de sensation. En fin de compte il fait passer l'action d'*Amélie Poulain* dans un territoire que tout le monde déjà connait pour que le spectateur puisse s'identifier avec le territoire représenté. Par conséquent les clichés fonctionnent aussi en tant que lieu de sensation et de mémoire. Dany Corel donne la définition suivante:

> *Pour le spectateur, la convention permet d'entrer plus rapidement dans l'histoire, d'être sur un terrain en apparence familier, bref d'en savoir suffisamment sur le type d'œuvre auquel il a affaire pour accepter de prendre le risque d'essayer de la voir (et ici, l'intérêt du spectateur rencontre l'intérêt du financier qui croit - à tort - pouvoir évaluer plus facilement l'intérêt économique de l'œuvre produite).*[8]

6Corel, Danys: Struggling Writer; http://denyscorel.over-blog.com/ (consulté le 14/12/2012)
7Binh, N.T : Paris au Cinéma. La vie de la capitale de Méliès à Amélie Poulain. p.10
8http://denyscorel.over-blog.com/article-11030342.html (consulté 15/12/2012)

5

Dans le cas *du fabuleux destin d'Amélie Poulain*, c'est le quartier de Montmatre, un endroit très connu et très fréquenté par des touristes. Comme déjà dit, le Montmatre de Jeunet est représenté comme espace familiale est chaleureux, presque villageoise. Le bistro *Les deux Moulins* est représenté comme un endroit de nostalgie avec ses panneaux sur les murs, ses guirlandes lumineuses, des vieux meubles et ses divers verres à vin.[9] Tout l'intérieur est un peu à l'ancienne tenu en couleurs jaunes, verts et rouges. Tout ça nous indique une image d'un café nostalgique à Montmatre et entretient le cliché d'un Paris rêveur et aimable.

Sans aucun doute, le Paris d'Amélie Poulain sert aussi comme ville d'amour et entretient en ce faisant le cliché parisien par excellence. Après le générique du film Amélie s'assoie sur le toit de sa maison. Elle a une belle vue sur les toits des Paris.[10] En l'arrière plan on peut voire la Tour Effel. Elle sert comme image forte de Paris, une sorte d'incarnation qui est aussi visible dans beaucoup de films de Hollywood des années 1950 et 1960[11] (*Plaisir*/Max Ophuls), *Gigi*/Jacqueline Audry). En s'asseyant sur le toit, elle compte des couples qui sont en train d'avoir un orgasme. Ca nous indique une représentation très forte d'un Paris comme ville d'amour et peut évoquer une association de Paris comme ville des amoureux.

Comme dans le bistro, la même représentation de Jeunet d'un Pairs idéalisé et nostalgique se montre aussi dans les prises extérieurs dans les rues de Montmatre. Pour transformer l'espace de Montmatre dans un endroit de beauté et d'harmonie, on a créé des endroits qui respirent. Voilà quelques exemples. Monsieur Brotodeau marche dans les rues des Montmatre.[12] Il se promène sur les stands de marchés. On aperçoit un Paris chaleureux et accueillant dans une ambiance décontracté. En ce faisant on peut apercevoir un Montmatre richement coloré, toujours avec des chantes d'oiseaux et le son de la cloche.[13] Il y a seulement des petits épiceries et de petits cafés pas de grands chaines de restaurants-rapide comme Mc Donald ou Subway, pas de bruit, pas d'événements gênants. En somme dans toutes les scènes qui représentent Montmatre, Jeunet évide la bousculade. Tout ca évoque encore une fois l'ambiance conviviale, harmonieuse et villageoise du Montmatre du film.

9Jeunet, Jean-Pierre: *Le fabuleux destin d'Amélie Poulin*. Edition Collector. France 2001. 00:10:00 min.
10Jeunet, Jean-Pierre: *Le fabuleux destin d'Amélie Poulin*. Edition Collector. France 2001. 00:13:15 min
11Binh, N.T : *Paris au Cinéma. La vie de la capitale de Méliès à Amélie Poulain*. Paris 2003, p.100
12Ibid. 00:29:13- 00:30:00 min.
13Ibid. 00:44:31- 00:45:00min; 01:56:00 min.

Dans la même manière de la scène avec Brotodeau, Jeunet nous montre une autre scène[14] dans laquelle Amélie marche dans les rues et accompagne un aveugle à la station de métro. A l'arrière plan on voit les Invalides et le Point Neuf. La scène est accompagné par un accordéon (off-screen) Le temps fait beau, le soleil brille, bref la scène nous présent d'une certaine façon l'harmonie totale. Partout où Amélie passe, Paris semble rayonner avec ses couleurs étonnamment vives. Les lieux où Amélie passe sont donc illuminés et magiques. Il y a un important travail à base de filtres de couleurs qui sont toujours les mêmes : le vert, le jaune et le rouge. Les rues de Paris et ses monuments sont souvent montrés au filtre jaune.

L'endroit Montmatre avec l'église Sacre Cœur sert aussi comme espace féerique et enchanté[15]. Par rapport à la réalité, le but Montmatre du film est peu fréquenté par des touristes et de marchands surtout d'originaire africains. On y entend souvent l'accompagnement d'un accordéon ou d'un céleste (off-screen). Les manèges connus tout aux tours du but Montmatre, la foire du Trône, est mis en scène comme un jardin féerique, un territoire d'enfant. En tout cas le Montmatre de Jeunet est purifié de toute influence «perturbante» pour créer cette ambiance d'un jardin de compte de fées afin que le spectateur puisse se plonger dans les images. Le spectateur peut se décontracter et consumer les images passivement. Il peut être maitre chez elles. Finalement Jeunet crée avec son Montmatre un lieu de bien-être et un lieu reconnaissable et identifier en même temps.

Etant donné que les clichés de Paris dans le film sont nombreux et leurs descriptions en détail dépasseraient l'étendue de ce travail, je me permets de présenter par la suite quelques autres clichés parisiennes mis en scène en bref. Mais ceux qui sont aussi remarquables.

Ca concerne par exemple la nourriture. Dans la scène où Lucien rende visite à Monsieur Dufayel il amène du champagne et du foie gras. Ces sont sensiblement des spécialités typiquement françaises qui sont connus dans tous le monde et qui ont un degré de reconnaissance pour le spectateur.[16] La scène est accompagnée par un accordéon qui renforce la situation ludique sur scène mais aussi le cliché français.

De plus Jeunet montre Monsieur Dufayel qui dessine Renoir, le *Déjeuner des Canotiers*[17]. Ca peut être considérer comme une commémoration du grand peintre français.

Dans une autre scène Amélie entre dans une station de métro[18]. En arrière plan on entend un vinyle d'Édith Piaf. Je voudrais affirmer que Edith Piaf comme chansonnière français est

14Ibid. 00:33:44- 00:35:17 min.
15Ibid. 01:09:00 min.
16Ibid. 00:59:12- 01:00:30 min.
17Ibid. 00:12:48- 00:13:00 min.
18Ibid. 00:20:27- 00:21:38 min.

un de personne la plus connu de France à l'étranger. C'est d'une part aussi une commémoration de la chansonnière et d'autre part une mise en scène d'un autre repère, qui veut dessiner une image de France.

La fonctionnement de la musique serait le sujet d'un dossier supplémentaire. La bande original de Yann Tiersen est aussi un de facteur du succès énorme du film. Il fait usage de l'accordéon qui peut être considérer comme l'instrument typiquement français. Il est associé l'instrument des musiciens de rues de Paris. En fait, la musique aisée et harmonieuse de Yann Tiersen souligne en plus l'ambiance décontractée et rêveuse du film.

Une autre repère qui peut être aussi considérer comme cliché se manifeste dans la scène où Amélie quitte la maison paternelle.[19] Là elle porte un béret qui est probablement connu dans tout le monde comme signe distinctif de la France et comme un cliché.

En gros Jeunet met en scène certains endroits de Pairs d'une façon reconnaissable pour tous en créant des images irréalistes. A l'aide de couleurs très chaudes des images dans le film, Jeunet dessine une image hyper- pittoresque de Paris. Toute la représentation, soit c'est l'équipement des settings, soit ce sont les personnages sur scène, les meubles ou les endroits parisiens, créent une image Paris imaginaire, une Paris lumineuse et heureuse. Le quartier Montmatre, ou se situe le café *Les deux Moulins* dans lequel Amélie travail, n'est pas représenté par Jeunet comme un Paris bandé et burlesque, mais comme un Paris villageois. Par conséquent Jeunet crée le propre monde d'Amélie, et en ce faisant le monde de son imagination. On peut expliquer cette acte de création par Jeunet avec la citation suivante:

> Le processus créatif est double en art comme en science: il y a d'un coté l'expérience que l'artiste fait de la réalité et, de l'autre, la manipulation qu'il en fait pour former une réalité artistique.[20]

3. *«Amélie pas jolie»*- un critique de Serge Kaganski

Pendant que le film a obtenue une grande quantité de bonnes critiques, il y avait aussi quelques peu voix négatives pour *le fabuleux destin d'Amélie Poulain*. Je me permets de présenter une de cette critique négative rédigé par le journaliste Serge Kaganski en Mai 2001. Cet article fut paru dans la rubrique *Rebond* du journal *Libération* et aussi dans le

---

19Jeunet, Jean-Pierre: *Le fabuleux destin d'Amélie Poulin*. Edition Collector. France 2001. 00:09:00 min.

20Deren Maya: *Ecrits sur l'art et le cinéma. Présentation par Julie Beaulieu*. p.46

journal d'artiste les *Inrockuptibles*. Voilà un petit extrait des quelques cheminements des pensés proclamés par Kaganski.[21]

La critique de Kaganski est intitulée *Amélie, pas joli* et sensiblement opposant à Jeunet et sa représentation de Pairs. Dans la critique de Kaganski j'aimerais me surtout concentrer sur trois aspects dans lesquelles Paris est reflété. Ce sont la description des caractères (ceux qui sont liés avec quelques endroits typiques de Paris), l'espace de Montmatre et les couleurs utilisés.

Kaganski se moque de la représentation d'un Paris totalement idéalisé et irréelle. Selon lui Jeunet dessine une Paris de conte de fées, loin de la réalité. Il scénarise *le fabuleux d'Amélie Poulain* comme une fable, une romance sans rapports actuelles. Selon lui, Paris est représenté sous une grande cloche d'imagination d'une façon infantile. Kaganski constate au long-métrage un échappement complet à la réalité.

> «... il filme un populo de carte postale qui n'a jamais existé sauf dans l'imagerie et l'inconscient collectif forgés par messieurs Carné, Prévert et Doisneau...».[22]

Il remarque aussi que Jeunet est sous contrôle absolue de ses propres images ce que ne lui permet pas de « se libérer » de ses images filmés.

> *«Pourquoi pas' le hic, c'est que Jeunet est sous l'emprise d'une telle volonté de maîtrise et de contrôle absolu de ses images que ses films ne respirent plus, que son monde paraît être filmé sous cloche.»*[23]

Il parle aussi des caractères du film qui respirent mal, d'ailleurs des caractères de façon stéréotypes. Le père et les collègues d'Amélie ou ses voisins ne sont pas de caractères profonds ce qui se montre dans la mesure que Jeunet les représente comme caractères mal développés. Au début par exemple leurs caractéristiques sont simplement cantonnées à leurs qualités bizarres. Jeunet les introduit en disant ce qu'ils aiment ou pas. Pendant le film entier on n'apprend presque rien des ses personnalités. En somme, Jeunet mets en scène des prolos, de petits riens sans les dessiner profondément, sans les représenter avec profondeur, les caractères adjoints (sauf Amélie) sont limités par leurs qualités bizarres; des fanas. Dans ce contexte Kaganski les diffame comme des marionnettes du scénario de Jeunet.

> *Les personnages de Jeunet sont des marionnettes, toutes réductibles à un seul trait de caractère bien surligné, toutes résumables en une seule phrase-slogan:* ...[24]

Un autre aspect très intéressant dans ce contexte est la clôture de l'espace crée par Jeunet. Kaganski constate dans sa critique trois types d'enfermement. La clôture formelle, la clôture

---

21 L'article complet dont mon analyse suivant se réfère se trouve dans l'annexe de ce dossier
22 Serge Kaganski, "*Amélie, pas jolie*", Les Inrockuptibles. 31.05.2001
23 Ibid.
24 Ibid.

sociale et temporelle. Dans le film tous les trois ressoudent à une sorte d'espace féerique. Jeunet crée un microcosme qui se représente dans tous les sphères du film. Soit c'est le Montmatre enchantée, comme Paris villageoise, soit c'est l'entourage d'Amélie Poulain, soit c'est la représentation d'Amélie comme enfante isolée des autres dans son propre univers. Mais Kaganski oublie que pour le contenu de l'histoire, l'enfermement, le microcosme crée par Jeunet est de valeur positive pour le film. Dedans on est heureuse, on rit, on se connait et on se rend du bonheur (au cas d'Amélie). Le Paris microcosme de Jeunet est un paradis loin de délinquance et des malheurs sociaux en général. C'est un Paris calme et paisible. Les gens simples y mènent une vie simple. Ils ont des métiers simples et mènent une vie ordinaire et pas particulière. On est tout à fait content dans cette clôture sociale, spatiale (Montmatre). Dans divers d'autres films, on a fait la connaissance avec cet aspect filmique de clôture. Mais par rapport à *Amélie Poulain* l'aspect d'enfermement peut être aussi utilisé comme aspect négative. Chez Bélá Tarr par exemple dans ses films *Damnation* ou *Satantango* les personnages n'y peuvent pas évanouir ses situations. La vie mélancolique aussi que triste et l'enfermement humain sont les aspects primordiaux des films de Bélá Tarr.

Même la critique de Kaganski peut être considérer comme convaincante dans quelques aspects, il faut la envisager avec prudence. Par la suite je me permets aussi d'aborder quelques aspects de Kaganski qui me semble ambigüe.
D'une part il admet qu'il ne connait pas vraiment les intentions de Jeunet en les justifiant quand même, en les classant. D'autre part il admet aussi qu'un réalisateur doit créer son propre monde, que un film est quand même une représentation irréelle et illusionniste.

> *«Le cinéma n'est pas un outil de connaissance du monde, de découverte du réel et d'expérience du temps qui s'écoule, mais un simple moyen technique de recréer le monde à son idée.»* [25]

Cette petite phrase de Kaganski face à la représentation de Jeunet indique qu'il est d'une certaine façon d'accord avec l'esthétique du cinéma de Jeunet. Il avoue avec cette phrase que le cinéma a pour but de créer un monde irréelle est construite. Donc, le cinéma nous permet d'échapper à la réalité. Mais Kaganski oublie que *Amélie Poulain* est loin d'être un film stéréotype et simplette. Même son image dessiné de Paris est surtout à l'ancienne et nous fait rappel aux années 1950 plutôt que la réalité de l'année 1997, avec une image d'un Paris équipé de façon nostalgique *(voir point 4.)* romantique, chaleureux, villageoise et pittoresque, il y a beaucoup d'aspects qui nous indiquent qu'avec *Amélie Poulain* il ne s'agit pas d'un film surtout des clichés. J'y pense d'abord aux caractères principaux du film comme les collègues d'Amélie du *deux Moulins* ou ses voisins. Ce sont des personnages plutôt simples. Même Jeunet les représentent comme des caractères bizarres, ils sont loin d'être

---

25Serge Kaganski, *"Amélie, pas jolie"*, Les Inrockuptibles. 31.05.2001

stéréotypes. Même leurs descriptions sont limitées à certaines caractéristiques bizarres comme ceux de la malade imaginaire de Georgette et de la rudité de Joseph. En général Kaganski oublie que les caractères de Jeunet sont uniques et hors de l'ordinaire. Il crée des caractères simples mais non stéréotypes. Ce ne sont pas de caractères stéréotypes du cinéma Hollywood que Jeunet nous met sur scène. Kaganski ne mentionne pas que le caractère d'Amélie est loin d'être un « personnage cliché », comme dans beaucoup de films américains. En fait, elle est une caractère sophistiquée. Elle semble très humaine avec son isolation et son timidité d'une part, ses rêves et ses problèmes de n'être pas capable de s'approcher au Nino Quincampoix. C'est difficile pour elle de changer cela. Mais elle a un bon cœur et aime beaucoup rendre du bonheur aux autres. Tous les comportements d'Amélie représentent aussi des éléments typiques de fantaisie du film.

Par la suite Kaganski qualifie *Amélie Poulain* comme film populiste.

> *Avant d'être un film populaire, Amélie Poulain est surtout un grand film populiste.*[26]

Ca c'est un aspect très délicat. Il dit que le film peut fonctionner aussi comme une publicité idéale pour les candidats du parti de l'extrême-droite comme Jean Marie le Pen (brisance actuelle respectant la date de la publication en Mai 2001).

> *… si le démagogue de La Trinité-sur-Mer cherchait un clip pour illustrer ses discours, promouvoir sa vision du peuple et son idée de la France, il me semble qu'Amélie Poulain serait le candidat idéal.*[27]

A mon avis, la comparaison avec la droite (Jean Marie le Pen) est exagérée. Mais d'où vient se affirmation? Dans le film entier il n'y a pas une scène qui montre l'image des personnes défavorisés. Jeunet ne présent pas des gens issu de l'immigration. Il manque des Africains du Noir, des Maghrébins, des Turcs, des Arabes. Tous ces gens qui vivent dans le quartier du Montmatre de nos jours. Il nous donne vraiment une représentation d'une Paris «pure de toute influence d'immigration».

> *Que le Paris de Jeunet est soigneusement "nettoyé" de toute sa polysémie ethnique, sociale, sexuelle et culturelle.*[28]

Veut dire selon Kaganski que le Montmatre d'aujourd'hui est remplacé en faveur d'un Montmatre de kitsch et de rêve.

26Ibid.
27Ibid.
28Ibid.

Tout en évoquant des thèmes graves comme les sans papiers, le sida ou les inégalités sociales, les deux cinéastes laissent d'abord place à la gaieté et à la fantaisie.[29]

Par contre Kaganski ne mentionne pas un aspect très important dans le film: Le personnage de Lucien. Ce jeune homme, le marchant, est apparemment d'origine magrébin. Il est le seule personnage dans le film issu de l'immigration. Par conséquent il faut dire que c'est probablement la volonté de Jeunet d'introduire un caractère «beur», un personnage d'originaire Maghreb dans l'action du film. Le personnage de Lucien nous montre l'intégrité des beurs dans la société française. Ca fait dément d'une certaine façon l'argumentation de Kaganski d'un Paris purifié de toute influence d'immigration. Ainsi sa présence sert comme le petit exemple d'un Paris multiculturel.

Et néanmoins sa représentation par Jeunet reste ambigüe et énigmatique dans le film. A fortiori il est intéressant comment Jeunet le met en scène. D'une part il le représente comme un jeune homme aimable, paisible et gentil mais d'autre part comme un petit-rien. D'autre part il est limité à jouer le marchand naïf et l'homme simplet. En tout cas Lucien est un jeune homme qui souffre de son patron dominateur dont il est soumis. Jeunet nous présente le marchand comme un simple main-œuvre de son patron. Dans deux scènes Lucien et son patron vendent des fruits et des légumes devant l'épicerie. Son patron se moque de lui en faisant des insultassions chaque fois quand ces deux caractères sont mis en scène. Dans une scène Lucien apporte des aliments au peintre malade, Monsieur Dufayel.[30] La façon quand il présente la nourriture à M. Dufayel est infantile, simple et accompagné avec une certaine naïveté. Il joue avec la nourriture devant Dufayel. Ca lui fait plaisir de les présenter au vieil homme d'un drôle de façon. Il est, comme déjà mentionné, un homme soumis à son patron qui est apparemment seulement capable de faire les travaux simples. Par conséquence sur ce point de vue le personnage de Lucien peut être considéré en tant que travailleur étranger. Un homme apparemment issu d'un pays maghrébin qui est venu à Paris pour chercher un travail qui sert d'une certaine façon comme cliché d'un travailleur qui n'a pas chance d'exercer dans la société. Ce manque de chance d'exercer se démontre dans une scène (au milieu du film) quand le patron se réveille trop tard, grâce à Amélie. Lucien est obligé de gérer tout seul l'épicerie. En ce faisant il démonte son talent et fait du plaisir aux clients de l'épicerie. Comme déjà dans l'introduction du caractère, Jeunet représente Lucien comme un homme avec un talent caché. C'est seulement Amélie qui est fasciné de son façon de son dévouement et sa sensibilité pour les légumes qu'il vend.

29Binh, N.T: *Paris au Cinéma. La vie de la capitale de Méliès à Amélie Poulain*. P.215
30Jeunet, Jean-Pierre: *Le fabuleux destin d'Amélie Poulin*. Edition Collector. France 2001. 00:59:12- 01:00:30 min.

Un autre aspect, c'est la signification des endroits dans *le fabuleux destin d'Amélie Poulain*. Dans le contexte de l'espace du film dans *Amélie Poulain*, les couleurs et l'ambiance villageoise qui nous rappelle on peut de Paris des années 1950, 1960, par la suite.

En somme face à la critique forte de Kaganski, Jeunet ne nous montre pas un Paris «stylisé», mais un Paris de rêve. On ne peut pas qualifier *le fabuleux destin d'Amélie Poulain* comme un film raciste car il mangue d'allusions concrètes. La seule «absence des habitants issu des l'immigration» (selon Kaganski) ne sert pas comme évidence d'une l'intention raciste. Ce que Jeunet veut montrer, c'est un Paris de kitsch, un Paris aux yeux d'un enfant, un Paris volontairement loin d'être réel, tout à faire un compte de fée et n'est pas un Paris qui sert comme exemplaire des Trinité sur mers. Sur ce point de vue la clôture formelle, sociale et temporelle n'est pas un effet par hasard, c'est un effet voulu, un jeu de Jeunet. La clôture des certains domaines est, comme mentionné, l'espace dans laquelle l'action peut se développer. Un portrait d'un Montmatre réaliste, avec ses nombreux touristes, les marchands illégaux, ses gitans, ses musiciens et ses nombreux habitants issus de l'immigration ne serait pas en équilibre avec l'ambiance magique du film. Reste à dire que l'ambiance villageoise de Montmatre a un double sens. D'une part c'est la représentation irréelle qui peut provoquer une fausse image de Paris. Mais d'autre part à l'aide de cettes images idéalisés, on peut se plonger dans l'histoire. Il faut entretenir quelques clichés.

4. Bilan

Sans aucun doute la représentation de Jeunet de Montmatre de Paris est une manipulation de la réalité.[31]

Avec ses images «artificielles» qui échappent à la réalité parisienne actuelle, il crée d'une certaine façon un monde féerique et enchanté dans laquelle le spectateur doit se faire chez soi et savourer la nostalgie. Pour moi cependant *Amélie Poulain* n'est pas un film idéologiste, c'est un film idéaliste qui n'a pas pour bu de présenter un France purifié de toute influence «mal adapté», mais un film qui veut juste distraire. En ce faisant il montre un France de nostalgie et de l'ancienne. Pour cette raison *Amélie Poulain* est aussi d'une certaine façon une réactivité du passé en temps contemporain (1997: temps principal de l'action). Cette réactivité est ambigüe. D'une fois elle frelate la réalité, d'autre fois elle nous fait juste rêver,

---

31Dans ce contexte le syndrome de Paris est aussi un aspect très intéressant. Cette maladie psychiatrique est un phénomène du aux faux images dans les têtes des touristes principalement d'originaire japonais qui rendent visite à Paris et qui soufrent d'une crise mentale causé par la différence entre réalité et illusion.

elle nous oblige de se plonger dans les images et des savourer la puissance totale des images richement colorés et des endroits parisiens qui créent cette image d'un film loin d'être réel. Cette réactivé n'est pas une raison pour faire référence à un France d'imagination des Trinités des Mers (Jean Marie le Pen) faisant par Kaganski. C'est un film plutôt humaniste qu'idéaliste. *Amélie* est un compte de fées moderne et ne pas un film idéologiste. Le fabuleux destin d'Amélie Poulain est un film extrêmement riche dans sa représentation (montage, images cinématographiques, équipement des lieux de tournage, acteurs forts) mais il est loin s'en faut un film politique. Pour ca je le considère plutôt comme une commémoration à la chaleur humaine. A mon avis le film traite la question de souvenir et les mémoires d'enfance qui viennent avec. Amélie est à la recherche d'une enfance perdue. Elle représente la jeune femme non sexuée, un peu naïve et brave, la petite fille sympa, rigolote et heureuse. En somme elle prend la vie comme un jeu: L'âme de bonne fée. Elle rejette le quotidien, son réalité est loin d'être réelle et virtualisé. Par conséquent le caractère d'Amélie fonctionne seulement comme caractère du film et difficile à adopter pour la réalité. Elle est tout à fait une identité cinématographique. Et comme elle, la représentation de Paris dans les images est aussi un jeu lui-même. Pour réaliser un tel scénario on a besoin d'un Paris imaginative, un Paris de rêve, un *Paris cartoon*[32]. Il est à mon avis donc bien légitime de présenter Paris comme endroit irréel.

Par la suite je suis d'avis que c'est aussi la raison pour la grande popularité du film *Amélie Poulain*. Le film traite sur les coulisses dessinées de Pairs la question de partage, de rêve, et de bonheur. Des aspects humains qui concernent chacun de nous.

Au bout de l'histoire du film, Paris était toujours un lieu de tournage très intéressant. Si on regard d'autres films, on peut constater des images totalement différentes de la ville de Paris (*la Haine, Rai*). Paris, c'est une ville fascinante, pittoresque, belle et brutale, folle, défavorisé et surprenant en même temps. Paris, c'est surtout la diversité, la grande force de sa présence diverse. Dans l'histoire du film, Paris a obtenu particulièrement la réputation de la ville d'amour. Un cliché va sûrement rester les générations suivantes. C'est intéressant pourquoi Paris est souvent représenté comme la ville d'amour ou de rêve pendant que d'autres grandes villes comme New York ou Berlin sont plus souvent présentés dans les films avec leur délinquance, violence et ainsi avec leurs images plutôt réalistes. Paris a de son nature toujours obtenu la réputation d'une ville plein de rêverie est loin d'être réelle. Amélie perpétue à cette tradition.

---

32 Binh, N.T : *Paris au Cinéma. La vie de la capitale de Méliès à Amélie Poulain*. P.215

Sources d'Internet

- http://www.lesinrocks.com/2001/05/31/cinema/actualite-cinema/rebonds-de-serge-kaganski-paru-dans-liberation-du-31-mai-11223969/ (consulté le 29/11/2012)

- http://www.institutfrancais.de/IMG/pdf/Cinefete10_AmeliePoulain (consulté le 10/12/2012)

- Corel, Danys: Struggling Writer; http://denyscorel.over-blog.com/ (consulté le 14/12/2012)

- http://www.larousse.fr/encyclopedie/nom-commun-nom/pr%C3%A9jug%C3%A9/82358 (consulté le 16/12/2012)

DVD

- Ossard, Claudie; UGC (producteur); Jeunet, Jean-Pierre(régie): *Le fabuleux destin d'Amélie Poulin*. TF1 Vidéo. Edition Collector. France 2001

Bibliographie

- Binh, N.T: *Paris au Cinéma. La vie de la capitale de Méliès à Amélie Poulain*. Editions Parigramme. Paris 2003
- Deren Maya : *Ecrits sur l'art et le cinéma. Présentation par Julie Beaulieu. Traduit de l'anglais par Eric Alloi et Julie Beaulieu*. Editions Paris Expérimental. Paris 2004
- Mary, Philippe: *la nouvelle vague et le cinéma d'auteur*. Editions de Seuil. Mesnil sur l'Estrée 2006

Annexe

Rebonds de Serge Kaganski paru dans la *Libération*

31/05/2001

"Amélie" pas jolie

Il est temps de dire tout le mal que l'on pense de ce film à l'esthétisme figé et qui, surtout, présente une France rétrograde, ethniquement nettoyée, nauséabonde.

Comme si l'air du temps et les nouvelles du monde ne nous donnaient pas assez de raisons de désespérer du genre humain, voilà qu'on nous bassine depuis plus d'un mois avec un film dont l'esthétique publicitaire rétro, la poésie frelatée et le propos insignifiant masquent (à grand-peine) une vision de Paris, de la France et du monde (sans même parler du cinéma) particulièrement réactionnaire et droitière, pour rester poli. Et comme s'il ne suffisait pas que le Fabuleux Destin d'Amélie Poulain ait bénéficié d'une tornade d'éloges quasi unanimes, comme s'il ne suffisait pas qu'une grande partie de la France constitue un front national du cinéma se masturbant l'identité avec l'image sentimentalo-passéiste que lui renvoie Jean-Pierre Jeunet, voilà que dans un Rebonds publié dans Libération, David Martin-Castelnau et Guillaume Bigot prennent la défense du film, tout ça parce que la sainte Amélie a été légèrement égratignée (aufkratzen) par une infime partie de la presse. Et les deux Don Quichotte d'opérette de condamner le mépris des intellectuels, la condescendance des élites, bref, de voler au secours de ce pauvre et fragile petit film qui n'a qu'un tort (aux yeux des intellos) selon eux, "regarder le petit peuple avec amour, empathie et espérance".

Il est peut-être donc temps de dire noir sur blanc, argumentaire à l'appui, tout le mal qu'on est en droit de penser de ce film, un droit qui devient même un devoir puisque la quasi-totalité des médias français, tétanisée (gelähmt) et rendue aveugle par "l'événement", semble bloquée en pleine génuflexion (Kniebeuge) poulinesque.

Premier point, l'esthétique d'Amélie Poulain. On le sait depuis ses premiers courts-métrages et Delicatessen, Jean-Pierre Jeunet est plutôt un virtuose du visuel qu'un cinéaste. Pour lui, comme pour ses nombreux collègues en pyrotechnie visuelle, le cinéma n'est pas un outil de connaissance du monde, de découverte du réel et d'expérience du temps qui s'écoule, mais un simple moyen technique de recréer le monde à son idée. Pourquoi pas' Le hic, c'est que Jeunet est sous l'emprise d'une telle volonté de maîtrise et de contrôle absolu de ses images que ses films ne respirent plus, que son monde paraît être filmé sous cloche. Amélie Poulain fait ainsi penser à ces boules de neige enfermant les monuments de Paris que l'on vend dans les boutiques de souvenirs kitsch.

Ce parti pris ultra formaliste donne un cinéma étouffant, de la taxidermie animée, un musée Grévin qui bouge. Les personnages de Jeunet sont des marionnettes, toutes réductibles à un seul trait de caractère bien surligné, toutes résumables en une seule phrase-slogan: La Fille Introvertie qui Découvre l'Amour; la Buraliste Aérophagique; l'Epicier Irascible; la Bistrotière Pittoresque et Bavarde, l'Ecrivain Raté; le Vieux Solitaire et Retiré du Monde qui Recopie des Tableaux de Renoir (un autoportrait lucide de Jeunet), etc., etc. Dès lors, les rapports que nouent entre elles ces figurines sans épaisseur ne peuvent pas être des rapports humains profonds et développés mais de simples relations fonctionnelles, des ressorts de cause à effet. Bref, Amélie Poulain est formellement vissé, factice de A à Z, et se résume à une succession assez ennuyeuse de scènes gadgets meublées par des silhouettes caricaturales.

Et alors, me dira-t-on' Jeunet a fait un film publicitaire de plus, les gens aiment, pourquoi bouder son plaisir, tout ça n'est pas bien grave, tout le cinéma français y trouve son compte, pas de quoi s'exciter Certes. Sauf que si Jeunet a parfaitement le droit de faire ce type de film (à mon sens, de l'anticinéma), on a aussi le droit de préférer une tout autre idée du cinéma. Et puis surtout, second point, sous l'épaisse croûte "poétique" d'Amélie Poulain, derrière son aspect rétro Poulbot inoffensif se cache une vision de Paris et du monde (pour ne pas dire une idéologie) particulièrement nauséabonde, qui semble ne gêner personne et passer comme un mail dans un Mac. Si on regarde le film un peu attentivement, qu'y voit-on' Un Paris des années 30, 50, sorti d'un film de Carné/Prévert.

Amélie Poulain braille à tout bout de champ/contrechamp: c'était mieux avant! Et alors qu'une œuvre d'art se doit d'affronter le présent voire le proche futur, Jeunet dirige son regard en arrière toute.

On nous explique que le réalisateur regarde le peuple avec empathie. A notre sens, il regarde surtout le peuple avec sentimentalisme et nostalgie réductrice, il met en scène un fantasme démagogique et superficiel de population prolétaire, il filme un populo de carte postale qui n'a jamais existé sauf dans l'imagerie et l'inconscient collectif forgés par messieurs Carné, Prévert et Doisneau. Mais les trois artistes précités avaient l'avantage de produire leurs œuvres dans les années 30 à 50, leurs créations étaient contemporaines de leur époque. Le peuple (ou plutôt une imagerie clichetonneuse et vieillotte du peuple), Jeunet le regarde sans doute avec empathie, mais sans jamais poser l'ombre d'un début de question sur les raisons qui provoquent son aliénation, sans jamais effleurer les conditions de son éventuelle émancipation. Non, pas de questionnement trop complexe ici, Jeunet se contente de filmer le peuple à ras de cliché, parce que c'est joli, rigolo, sympa et pittoresque. Avant d'être un film populaire, Amélie Poulain est surtout un grand film populiste. C'est tellement vrai et frappé du sceau de l'évidence que ça n'a pas échappé à nos hommes politiques de tous bords, surtout aux deux futurs candidats présidentiels qui n'ont pas loupé l'occasion de s'accrocher aux branches du succès du film.

Non contente d'être réfugiée dans le passé et dans le fantasme populo afférent, Amélie Poulain est recroquevillée dans le cocon de la butte Montmartre. Aux clôtures formelles temporelle et sociale s'ajoute une clôture spatiale. Amélie Poulain, c'est Paris village, c'est le repli dans la tribu du pâté de maison. Nul besoin d'être agrégé de sociologie et d'histoire pour savoir que l'idéologie du village est profondément réactionnaire, qu'elle implique plus ou moins consciemment la peur de la modernité, du changement, des mouvements du monde et du brassage de populations. La vision de Jeunet sur ce dernier point précis constitue l'aspect le plus inquiétant de son film. J'habite dans le quartier du canal Saint-Martin qui est représenté dans le film. Que vois-je tous les jours en sortant dans la rue Des Parisiens, certains sans doute français "de souche", d'autres d'origine antillaise, maghrébine, africaine, indienne, kurde, turque, juive, russe, asiatique… Je vois des couples hétéros, mais aussi pédés, lesbiens, queer… Que vois-je dans le Montmartre de Jeunet Des Français aux patronymes qui fleurent bon le terroir. Je vois aussi un beur désarabisé qui s'appelle Lucien. Mais où sont les Antillais, les Maghrébins, les Turcs, les Chinois, les Pakis, etc' Où sont ceux qui vivent une sexualité différente Où sont les Parisiens qui peuplent la capitale en 1997 (année où est censé se passer le film)? Ah, pardon, on voit parfois de "l'autre" dans le film. D'abord, une chanteuse de blues, dans une écran de télévision en noir et blanc. Puis un vieux Noir unijambiste, toujours dans un écran de télé en noir et blanc. Enfin, un moudjahid afghan dont la voix off nous dit qu'"il mange bizarrement et se coiffe d'un drôle de cache-pot". Les Afghans (qui sont majoritairement victimes des taliban) apprécieront.

Tout cela signifie quoi Que Jeunet regarde le peuple avec sympathie, certes, mais exclusivement le peuple montmarto-rétro-franco-franchouillard. Que le Paris de Jeunet est soigneusement "nettoyé" de toute sa polysémie ethnique, sociale, sexuelle et culturelle. Que l'Autre est aimable et présentable quand il est lointain. On me rétorquera: et alors' Jeunet ne prétend pas représenter exactement la population parisienne, son film est une fable stylisée, pas un documentaire. Oui, d'accord, Jeunet a le droit de styliser Paris comme il l'entend; et on a aussi le droit de trouver sa stylisation contestable, repliée sur une idée vieillotte et étriquée de la France et totalement déconnectée de toute réalité contemporaine.

Je ne connais pas Jean-Pierre Jeunet, je ne sais pas quelles sont ses idées profondes. Par ailleurs, je suis convaincu que les millions de gens qui ont apprécié ce film l'ont aimé sincèrement, qu'ils soient de droite, de gauche ou d'ailleurs, mais je pense néanmoins que ce succès, comme tout succès, ne saurait suffire à faire d'Amélie Poulain une œuvre admirable ou incontestable. Car je suis en revanche tenaillé par une hypothèse assez dérangeante mais qui ne me paraît pas farfelue au vu des analyses qui précèdent: si le démagogue de La Trinité-sur-Mer cherchait un clip pour illustrer ses discours, promouvoir sa vision du peuple et son idée de la France, il me semble qu'Amélie Poulain serait le candidat idéal.

31,05,2001

SUR GRIN VOS CONNAISSANCES
SE FONT PAYER

- Nous publions vos devoirs
  et votre thèse de bachelor et master

- Votre propre eBook et livre –
  dans tous les magasins principaux du monde

- Gagnez sur chaque vente

Téléchargez maintentant sur www.GRIN.com
et publiez gratuitement